AF149357

BEI GRIN MACHT SICH IHR WISSEN BEZAHLT

- Wir veröffentlichen Ihre Hausarbeit, Bachelor- und Masterarbeit

- Ihr eigenes eBook und Buch - weltweit in allen wichtigen Shops

- Verdienen Sie an jedem Verkauf

Jetzt bei www.GRIN.com hochladen und kostenlos publizieren

Martin Matysiak

Genetische Algorithmen zur Lösung von Optimierungsproblemen

GRIN Verlag

Bibliografische Information der Deutschen Nationalbibliothek:

Die Deutsche Bibliothek verzeichnet diese Publikation in der Deutschen National-
bibliografie; detaillierte bibliografische Daten sind im Internet über http://dnb.d-
nb.de/ abrufbar.

Dieses Werk sowie alle darin enthaltenen einzelnen Beiträge und Abbildungen
sind urheberrechtlich geschützt. Jede Verwertung, die nicht ausdrücklich vom
Urheberrechtsschutz zugelassen ist, bedarf der vorherigen Zustimmung des Verla-
ges. Das gilt insbesondere für Vervielfältigungen, Bearbeitungen, Übersetzungen,
Mikroverfilmungen, Auswertungen durch Datenbanken und für die Einspeicherung
und Verarbeitung in elektronische Systeme. Alle Rechte, auch die des auszugsweisen
Nachdrucks, der fotomechanischen Wiedergabe (einschließlich Mikrokopie) sowie
der Auswertung durch Datenbanken oder ähnliche Einrichtungen, vorbehalten.

Impressum:

Copyright © 2009 GRIN Verlag GmbH
Druck und Bindung: Books on Demand GmbH, Norderstedt Germany
ISBN: 978-3-640-85889-7

Dieses Buch bei GRIN:

http://www.grin.com/de/e-book/126236/genetische-algorithmen-zur-loesung-von-
optimierungsproblemen

GRIN - Your knowledge has value

Der GRIN Verlag publiziert seit 1998 wissenschaftliche Arbeiten von Studenten, Hochschullehrern und anderen Akademikern als eBook und gedrucktes Buch. Die Verlagswebsite www.grin.com ist die ideale Plattform zur Veröffentlichung von Hausarbeiten, Abschlussarbeiten, wissenschaftlichen Aufsätzen, Dissertationen und Fachbüchern.

Besuchen Sie uns im Internet:

http://www.grin.com/

http://www.facebook.com/grincom

http://www.twitter.com/grin_com

Kaiser-Karls-Gymnasium Aachen
Informatik Leistungskurs
Jahrgang 2008/2009

Facharbeit

Genetische Algorithmen zur Lösung von Optimierungsproblemen

Martin Matysiak

25. Februar 2009

Inhaltsverzeichnis

1. Einleitung

Die Evolution ist der leistungsfähigste Prozess der Natur. Lebewesen passen sich - scheinbar von selbst - von Generation zu Generation immer besser den Bedingungen ihrer Umgebung an. Die Idee der ständigen Weiterentwicklung wurde in der Informatik aufgenommen und in Form von genetischen Algorithmen realisiert. Ziel dieser Arbeit ist es, dem Leser die Gruppe der genetischen Algorithmen näher zu bringen. Die Arbeit ist wie folgt aufgebaut:

Das **zweite** Kapitel erläutert Grundbegriffe der Genetik und ihre Bedeutung in der Informatik. Im **dritten** Kapitel wird die generelle Struktur genetischer Algorithmen vorgestellt. Hierzu zählen die Elementaroperationen, die auch bei der biologischen Evolution stattfinden. Das **vierte** Kapitel bildet den Schwerpunkt dieser Arbeit. Es befasst sich mit den theoretischen Grundlagen, die die Funktionalität genetischer Algorithmen nachweisen. Im **fünften** Kapitel demonstrieren wir eine praktische Anwendung genetischer Algorithmen. Wir zeigen, wie genetische Algorithmen zur Lösung des *n-Damen Problems* beitragen können. Abschließend fassen wir im **sechsten** Kapitel die in dieser Arbeit gewonnenen Erkenntnisse zusammen und betrachten Möglichkeiten und Begrenzungen genetischer Algorithmen bei der praktischen Umsetzung.

Bevor wir mit der eigentlichen Arbeit beginnen, sollten wir zunächst *Optimierungsprobleme* als Einsatzgebiet genetischer Algorithmen betrachten. Optimierungsprobleme zeichnen sich dadurch aus, dass sie mehr als eine richtige Lösung besitzen, wobei unterschiedliche Lösungen ebenfalls unterschiedlich gut sein können. Bei dieser Art von Problem ist es meist schwer, einen Algorithmus zu finden, der die *beste* Lösung in einer akzeptablen Zeit ermittelt. Genau hier setzen genetische Algorithmen an. Sie erzeugen zunächst eine Menge aus zufälligen Lösungen und lassen diese Menge nach den Prinzipien der Evolution weiterentwickeln (und somit optimieren), bis sich eine genügend gute Lösung herausstellt. Durch genetische Algorithmen ist es oftmals möglich, sogenannte *NP-Schwere* - also nicht effizient lösbare - Probleme in kurzer Zeit mit einem zufriedenstellenden Ergebnis zu berechnen.

Als Literatur wird unter anderem verwendet:

- Das Buch *Evolutionäre Algorithmen* von I. Gerdes, F. Klawonn und R. Kruse [GKK04] und die darauf basierende Vorlesung von R. Kruse [Kru08], welche einen umfassenden Überblick über genetische Algorithmen geben.

- Das Buch *Genetische Algorithmen* von J. Heistermann [Hei94], welches ausführlich verschiedene Varianten genetischer Elementaroperationen gegenüberstellt und analysiert.

- Das Buch *Handbook of Genetic Algorithms* von L. Davis [Dav91], welches eine Vielzahl von Anwendungsgebieten genetischer Algorithmen präsentiert.

2. Grundbegriffe der Genetik

Bevor in dieser Arbeit auf die Funktionsweise genetischer Algorithmen eingegangen wird, werden in diesem Abschnitt zunächst Begriffe definiert, die für das weitere Verständnis notwendig sind. Diese Begriffe stammen aus der Genetik und können auf genetische Algorithmen übertragen werden. Die folgende Auflistung ist angelehnt an [GKK04, S.34]

- **Gen:** Unter einem GEN versteht man eine spezielle Eigenschaft eines Organismus. Die Haarfarbe eines Menschen ist zum Beispiel durch ein GEN definiert. Diese Eigenschaft wird in der Algorithmik durch ein Zeichen oder ein Bit repräsentiert, welches verschiedene Zustände annehmen kann.

- **Chromosom:** Ein CHROMOSOM entspricht einer Kette aus GENEN, also einer Kombination verschiedener Eigenschaften, die ein Lebewesen eindeutig kennzeichnen. Diese Abfolge lässt sich als Zeichenkette oder Liste von Bits darstellen und repräsentiert damit eine Lösung für ein Problem.

- **Allel:** Ein ALLEL beschreibt die Ausprägung eines GENS. Das GEN für die Haarfarbe kann demnach in verschiedenen ALLELEN vorkommen, die entweder für eine blonde oder eine braune Haarfarbe verantwortlich sind. Es bezeichnet also den genauen Wert eines GENS respektive den Wert des Zeichens oder der Zahl.

- **Population :** Der Begriff POPULATION beschreibt die Menge aller Lebewesen im Prozess der Evolution. Im Bereich der genetischen Algorithmen beschränkt man sich auf die Menge von CHROMSOMEN, also Lösungskandidaten für ein Problem.

- **Fitness:** Je „fitter" ein Lebewesen ist, desto höher ist dessen Chance, zu überleben bzw. sich zu vermehren. Bezogen auf genetische Algorithmen ist die FITNESS also ein Maß für die Güte eines Chromosoms.

- **Generation:** Unter einer GENERATION versteht man sowohl in der biologischen Evolution als auch in der Algorithmik eine Population zu einem bestimmten Zeitpunkt.

- **Reproduktion:** Die REPRODUKTION ist der Prozess der Bildung eines Nachkommens aus einem oder mehreren Individuen der Population respektive die Bildung von neuen CHROMOSMEN aus einem oder mehreren vorhandenen CHROMOSOMEN.

3. Der genetische Algorithmus

Wie bereits zu Beginn dieser Facharbeit erläutert, orientiert sich ein genetischer Algorithmus an dem Evolutionsprozess der Natur. Dieser Prozess besteht im Wesentlichen aus drei Elementaroperationen, **Kreuzung**, **Mutation** und **Selektion**. Sie arbeiten nach verschiedenen Prinzipien, die in diesem Kapitel erläutert werden. Jede der Operationen ist notwendig, um schnell eine optimale Lösung für ein Problem zu finden.

Zunächst muss eine Anfangspopulation generiert werden, auf welche man die genannten Operationen anwenden kann. Hierfür muss man ein gegebenes Optimierungsproblem als eine Menge von Eigenschaften (Genen) modellieren, die nachfolgend mit zufälligen Allelen belegt werden. Die Anzahl der Lösungskandidaten pro Generation ist nicht festgelegt und kann je nach Problem variiert werden.

3.1. Elementaroperationen

Hat man die zufällige Population generiert, werden die Elementaroperationen auf sie angewandt. Jeder Durchlauf der Operationen erhöht die Generationszahl der Population. Die Operationen werden so lange wiederholt, bis eine ausreichend gute Lösung erzeugt wird, oder die Generationszahl einen bestimmten Grenzwert überschreitet.

3.1.1. Kreuzung

Bei der Kreuzung werden zwei zufällige Indiviuden aus der Population ausgewählt, die als Eltern für ein neues Chromosom fungieren. Dieses übernimmt sowohl vom Vater- als auch vom Mutterchromosom einige Eigenschaften. Für den genauen Prozess der Kreuzung existieren diverse Ansätze. Im Rahmen dieser Facharbeit wird auf das bekannteste Verfahren, dem One-Point-Crossover, eingegangen.

Beim *One-Point-Crossover* wird zunächst ein zufälliger Punkt $p \in \{1, ..., l-1\}$ gewählt, wobei l der Länge des Chromosoms entspricht. Anschließend erhalten alle Gene links von und einschließlich p die Allele des Vaterchromosoms, sowie alle Gene rechts von p die Allele des Mutterchromosoms und umgekehrt. Abbildung 1 demonstriert zwei mögliche Ergebnisse einer Ein-Punkt-Kreuzung [1].

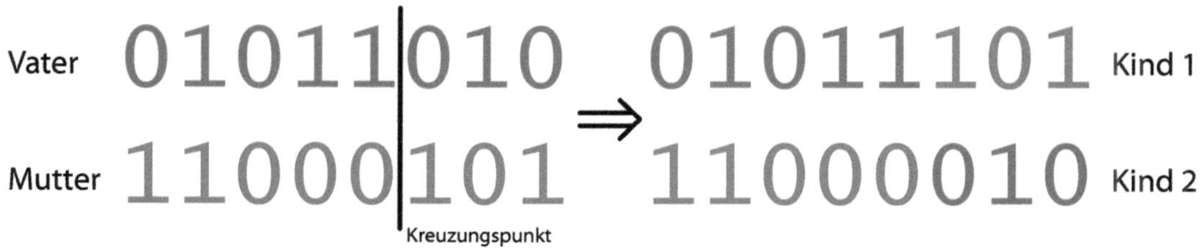

Vater **01011|010** ⇒ **01011101** Kind 1

Mutter **11000|101** **11000010** Kind 2

Kreuzungspunkt

Abbildung 1: One-Point-Crossover

---

[1] Der Verständlichkeit halber wurden Bitstrings zur Darstellung verwendet, die vorgestellten Operationen sind allerdings auch auf jede andere Art von Chromosom-Modell anwendbar

5

Jedes Chromosom der Population erhält die Möglichkeit zu einer Kreuzung. Hierfür werden jeweils 2 Chromosomen aus der Population gewählt und mit einer Wahrscheinlichkeit p_c gekreuzt. Diesen Schritt wiederholt man so lange, bis alle Chromosomen der Population betrachtet wurden.

3.1.2. Mutation

Die *Mutation* von Chromosomen ist ein wichtiger Bestandteil des genetischen Algorithmus. Ohne die *Mutation* würden keine neuen Lösungsansätze entstehen, da alle durch Kreuzung entstehenden Chromosomen nur aus ihren Vorgängern bestehen. Mithilfe der *Mutation* einer so kombinierten Lösung kann hingegen eine gänzlich neue Lösung entstehen, die unter Umständen eine bessere Fitness aufweist, als die nicht mutierte Lösung.

Bei der *Mutation* wird jedes Gen des Chromosoms durchlaufen und mit einer gewissen Wahrscheinlichkeit mutiert. Diese Wahrscheinlichkeit p_m liegt in der Regel bei $p_m \approx \frac{1}{l}$, wobei l der Länge des Chromosoms entspricht[GKK04, S.40].

Abbildung 2: Mutation

3.1.3. Selektion

Die dritte Elementaroperation eines genetischen Algorithmus ist die Selektion. Sie dient dazu die Population, die in ihrer Größe durch Rekombination und Mutation stark angestiegen ist, wieder auf ihre Ausgangsgröße zu reduzieren. Hierbei muss sichergestellt sein, dass sich die Population mit jeder Generation im Durchschnitt verbessert. Ein bekanntes Selektionsverfahren, welches nun näher erläutert wird, ist die *Roulette Wheel Selection*.

Bei dieser verteilt man alle Chromosomen der Population auf einem „Glücksrad“. Hierbei erhalten Chromosomen mit einer besseren Fitness einen größeren Anteil am Rad. Anschließend wird das Rad gedreht und an einem zufälligen Punkt angehalten. Das Chromosom, auf das dabei gezeigt wird, gelangt in die nächste Generation. Diesen Vorgang wiederholt man so lange, bis man die gewünschte Populationsgröße erreicht hat. Die Chance eines Chromosoms in die nächste Generation zu gelangen steigt proportional mit seiner Fitness. Durch den Zufall ist es allerdings nicht ausgeschlossen, dass jedes mal das jeweils schlechteste Chromosom gezogen wird. Die Wahrscheinlichtkeit für so einen Fall ist allerdings sehr gering und somit zu vernachlässigen [Dav91, S.13f] .

4. Das Schema-Theorem

Warum funktionieren genetische Algorithmen? Ziel des Kapitels ist es, diese Frage zu beantworten. Bereits 1975 veröffentlichte John Henry Holland in seinem Buch *Adaptation in Natural and Artificial Systems* das „Schema-Theorem", welches eine Aussage über die Verbreitung von Chromosomen mit einem bestimmten Schema in einer Population trifft [Kru08, 3. Teil, S.18].

Im Zuge der Herleitung geben wir zunächst benötigte Variablen und Funktionen an. Anschließend wird das Theorem kurz dargestellt und daraufhin der Einfluss der Selektion, der Kreuzung und der Mutation auf die Verbreitung eines Schemas betrachtet.

4.1. Definiton des Begriffes „Schema"

Ein Schema kann man als eine Vorlage für eine bestimmte Menge von Chromosomen ansehen. Es gleicht dem Aufbau eines Chromosoms, kann allerdings als ALLELE neben den vorgegebenen Werten (z.B. 1 und 0 bei Binär-Genen) auch ein „Don't care"-Symbol annehmen. Dies wird angedeutet durch einen Stern (*). Chromosomen entsprechen einem Schema, wenn ihre Allele an allen Stellen bis auf den nicht fest definierten übereinstimmen. Entspricht ein Chromosom c einem Schema H, so schreiben wir $c \triangleleft H$.

$$H = 1\,0\,*\,*\quad*\,0\,1\,*$$

$$c_1 = 1\,0\,0\,1\quad 0\,0\,1\,1 \qquad\qquad \text{passt zu } H, \text{ also } c_1 \triangleleft H$$

$$c_2 = 1\,0\,1\,1\quad 0\,1\,0\,0 \qquad\qquad \text{passt nicht zu } H, \text{ also } c_2 \ntriangleleft H$$

4.2. Herleitung des Schema-Theorems

Die folgende Herleitung orientiert sich hauptsächlich an [GKK04, S.47-56] sowie [Kru08, 3. Teil, S.17-34]. Sie beschränkt sich auf Chromosomen, die nur binäre Gene enthalten, sowie auf die Verwendung des *One-Point-Crossovers* (vgl. 3.1.1), der einfachen *Mutation* (vgl. 3.1.2) und der *Roulette Wheel Selection* (vgl. 3.1.3).

Folgende Ausdrücke sind für das Verständnis der Herleitung notwendig:

H	Schema
c	Chromosom
l	Länge eines Chromosoms
$popsize$	Größe der Population
fit	Fitnessfunktion zur Bewertung eines Chromosoms
p_m	Mutationswahrscheinlichkeit eines Gens
p_c	Wahrscheinlichkeit einer Kreuzung
$P(t)$	Population zum Zeitpunkt t
$N(H, t)$	Anzahl an Chromosomen des Schemas H in der Population zum Zeitpunkt t

Definition 4.1 (Relative Fitness): Unter der relativen Fitness eines Chromosoms c verstehen wir den Anteil, den das Chromosom durch seine Fitness an der Gesamtpopulation besitzt. Es ist

$$fit_{rel}(c) := \frac{fit(c)}{\sum_{c' \in P(t)} fit(c')}. \tag{4.1}$$

Definition 4.2 (Mittlere relative Fitness eines Schemas): Die mittlere relative Fitness gibt den Durchschnitt der relativen Fitness aus (4.1) für die Menge der zu einem Schema H passenden Chromosomen an. Es ist

$$fit_{rel}(H) := \frac{\sum_{c \in P(t), c \triangleleft H} fit_{rel}(c)}{N(H,t)}. \tag{4.2}$$

Definition 4.3 (Durchschnittliche Fitness der Population): Die Funktion

$$\overline{fit} := \frac{\sum_{c \in P(t)} fit(c)}{popsize} \tag{4.3}$$

beschreibt die mittlere absolute Fitness aller Chromosomen in der Population.

Definition 4.4 (Durchschnittliche Fitness eines Schemas): Im Gegensatz zu (4.3) gibt

$$\overline{fit(H)} := \frac{\sum_{c \in P(t), c \triangleleft H} fit(c)}{N(H,t)} \tag{4.4}$$

die mittlere absolute Fitness aller einem Schema H zugehörigen Chromosomen an.

Definition 4.5 (Charakteristische Funktion einer Menge): Unter der charakteristischen Funktion $char$ einer Menge $\mathbb{B}$ verstehen wir eine Funktion, die angibt, ob ein Element a zu einer Menge $\mathbb{B}$ gehört oder nicht. Es ist

$$char_{\mathbb{B}}(a) \mapsto \begin{cases} 1 & \text{falls } a \in \mathbb{B}, \\ 0 & \text{sonst} \end{cases}. \tag{4.5}$$

Definition 4.6 (Ordnung eines Schemas): Die Ordnung eines Schemas gibt die Anzahl der definierten Gene mit Hilfe der charakteristischen Funktion (4.5) der Menge $\{1, 0\}$ an. Es ist

$$ord(H) := \sum_{i=1}^{l} char_{\{1,0\}}(H_i). \tag{4.6}$$

Definition 4.7 (Definierende Länge): Die definierende Länge eines Schemas H gibt die Differenz der Positionen des letzten und des ersten definierten Allels an. Es ist

$$dl(H) := \max_{i \in \{1,...,l\}} \{H_i \neq *\} - \min_{i \in \{1,...,l\}} \{H_i \neq *\}. \tag{4.7}$$

4.2.1. Das Theorem

Das Schema-Theorem gibt Aufschluss über die quantitative Entwicklung eines Schemas pro Generationsschritt. Aus diesem Theorem lassen sich Bedingungen ableiten, unter denen genetische Algorithmen besonders gut funktionieren.

Definition 4.8 (Schema-Theorem): Die Verbreitung von Schemen pro Generationsschritt lässt sich beschreiben durch

$$N(H, t+1) = N(H,t) \cdot \frac{\overline{fit(H)}}{\overline{fit}} \left[1 - p_c \frac{dl(H)}{l-1} \left(1 - \frac{N(H,t)}{popsize} \cdot \frac{\overline{fit(H)}}{\overline{fit}} \right) \right]$$
$$\cdot (1 - p_m)^{ord(H)}. \tag{4.8}$$

Jede in Kapitel 3 vorgestellte Elementaroperation besitzt einen Einfluss auf die Schemenverbreitung, welche im Folgenden untersucht wird.

4.2.2. Selektion

Bei der *Roulette-Wheel-Selection* steigt die Wahrscheinlichkeit, dass ein Chromosom in die nächste Generation gewählt wird, proportional zu dessen Fitness in Relation zur Population. Da in der Regel mehrere Chromosomen der Population zu einem Schema passen, ist die Wahrscheinlichkeit einer Selektion dementsprechend höher. Desweiteren wird der Selektionsoperator *popsize*-mal durchgeführt, was bedeutet, dass die Wahrscheinlichkeit der Selektion eines zum Schema passenden Chromosoms um ebendiesen Faktor steigt.

Definition 4.9: Die Anzahl an zu einem Schema passenden Chromosomen nach einer Selektion (nach einer Zeit Δt_{sel}) ist durch

$$N(H, t + \Delta t_{sel}) = N(H,t) \cdot fit_{rel}(H) \cdot popsize \tag{4.9}$$

definiert, wobei $fit_{rel}(H) \cdot popsize$ der Proportionalitätsfaktor ist.

4.2.3. Kreuzung

Das Ausführen des Kreuzungsoperators auf die gesamte Population unterteilt diese in zwei Segmente:

Zum einen existiert ein Segment n_{unv}, der nicht durch die Kreuzung verändert wurde. Zum anderen beschreibt n_{cross} das Segment der gekreuzten Chromosomen. Die Größen der beiden Segmente sind abhängig von der Kreuzungswahrscheinlichkeit p_c und werden im Folgenden erläutert. Insgesamt ergibt sich für die Anzahl der zu einem Schema passenden Chromosme nach Ausführung der Selektion und Kreuzung (nach einer Zeit $\Delta t_{sel} + \Delta t_{cross}$)

$$N(H, t + \Delta t_{sel} + \Delta t_{cross}) = \underbrace{(1 - p_c) \cdot N(H, t + \Delta t_{sel})}_{n_{unv}}$$
$$+ \underbrace{p_c \cdot N(H, t + \Delta t_{sel}) \cdot (1 - p_{loss}) + gain}_{n_{cross}}. \tag{4.10}$$

Die Größe des unveränderten Teils n_{unv} resultiert aus der Differenz der gesamten Population und des Anteils, der gekreuzt wird, also $1 - p_c$.

Beim anderen Teil, der die Größe p_c besitzt, wird eine Kreuzung auf die Chromosomen ausgeführt. Dabei können sowohl neue, zum Schema passende Chromosomen entstehen (*gain*) als auch verloren gehen. Die Wahrscheinlichkeit p_{loss} für den Verlust von Chromosomen ist abhängig von bestimmten Größen und kann mit

$$p_{loss} \leq \underbrace{\frac{dl(H)}{l - 1}}_{A} \underbrace{\left(1 - \frac{N(H, t + \Delta t_{sel})}{popsize}\right)}_{B} \tag{4.11}$$

berechnet werden. Der Faktor A gibt die Wahrscheinlichkeit an, mit der der Kreuzungspunkt innerhalb des definierten Teils des Schemas gekreuzt wird. Dagegen beschreibt B den relativen Anteil der Chromosomen, die nicht zum Schema H passen. Ein Verlust findet nur dann statt, wenn innerhalb des definierten Teils gekreuzt wird **und** der Kreuzungspartner nicht zum Schema passt. Die Verlustwahrscheinlichkeit ist allerdings in der Regel kleiner, da gelegentlich ein Chromosom entsteht, dass weiterhin dem Schema H entspricht, obwohl beide Bedingungen zutreffen. Man bezeichnet diesen Prozess als *Erhaltung*.

Der Gewinnfaktor *gain* wird im weiteren Verlauf der Simplizität halber vernachlässigt. Verwenden wir die vorhin definierten Gleichungen, so erhalten wir insgesamt:

Definition 4.10: Die Anzahl der Chromosomen, die nach der Selektion und Kreuzung (nach einer Zeit $\Delta t_{sel} + \Delta t_{cross}$) dem Schema H entsprechen, beträgt

$$N(H, t + \Delta t_{sel} + \Delta t_{cross})$$

$$\geq (1 - p_c) \cdot N(H, t + \Delta t_{sel})$$

$$+ p_c \cdot N(H, t + \Delta t_{sel}) \cdot \left(1 - \frac{dl(H)}{l - 1}\left(1 - \frac{N(H, t + \Delta t_{sel})}{popsize}\right)\right)$$

$$= N(H, t + \Delta t_{sel}) \cdot \left[1 - p_c + p_c\left(1 - \frac{dl(H)}{l - 1}\left(1 - \frac{N(H, t + \Delta t_{sel})}{popsize}\right)\right)\right] \tag{4.12}$$

$$= N(H, t + \Delta t_{sel}) \cdot \left[1 - p_c + p_c - p_c\frac{dl(H)}{l - 1}\left(1 - \frac{N(H, t + \Delta t_{sel})}{popsize}\right)\right]$$

$$= N(H, t) \cdot fit_{rel}(H) \cdot popsize \cdot \left[1 - \frac{dl(H)}{l - 1}(1 - N(H, t) \cdot fit_{rel}(H))\right].$$

10

4.2.4. Mutation

Bei der Mutation von Chromosmen wird ein Gen mit einer Mutationswahrscheinlichkeit p_m mutiert. Im Umkehrschluss bedeutet dies, dass Gene mit einer Wahrscheinlichkeit $(1 - p_m)$ nicht mutiert werden. In Hinsicht auf das Schema-Theorem bleibt ein Chromosom nur dann zu einem Schema passend, wenn kein definiertes Gen mutiert wird. Aus diesem Grund wird die Wahrscheinlichkeit $(1 - p_m)$ mit der Ordnung (4.6) des Schemas potenziert, da bei der *einfachen Mutation* jedes Gen eines Chromosoms durchlaufen wird. Die Anzahl der Chromosmen, die nach der Selektion, Kreuzung und Mutation (und somit nach einem vollständigen Generationsschritt) zum Schema passen, errechnet sich somit durch

$$N(H, t+1) = N(H, t + \Delta t_{sel} + \Delta t_{cross}) \cdot (1 - p_m)^{ord(H)}. \tag{4.13}$$

Verwenden wir nun (4.12), so erhalten wir:

Definition 4.11: Die Anzahl der Chromosomen, die nach der Selektion, Kreuzung und Mutation (nach einer Zeit $\Delta t_{sel} + \Delta t_{cross} + \Delta t_{mut} = 1$) dem Schema H entsprechen, beträgt

$$
\begin{aligned}
N(H, t+1) =& N(H, t) \cdot fit_{rel}(H) \cdot popsize \cdot \left[1 - \frac{dl(H)}{l-1} (1 - N(H, t) \cdot fit_{rel}(H)) \right] \\
& \cdot (1 - p_m)^{ord(H)}.
\end{aligned} \tag{4.14}
$$

Um nun die zu Beginn dargestellte Gleichung zu erhalten, ersetzt man $fit_{rel}(H) \cdot popsize$ durch das sogenannte *Fitnessverhältnis*. Es ist das Verhältnis zwischen der mittleren Fitness des Schemas und der mittleren Fitness der Population. Diese Ersetzung kann man durchführen, da

$$
\begin{aligned}
fit_{rel}(H) \cdot popsize &= \frac{\sum_{c \in P(t), c \lhd H} fit_{rel}(c) \cdot popsize}{N(H, t)} && \text{nach (4.2)} \\[2ex]
&= \sum_{c \in P(t), c \lhd H} \left(\frac{fit(c)}{\sum_{c' \in P(t)} fit(c')} \right) \cdot \frac{popsize}{N(H, t)} && \text{nach (4.1)} \\[2ex]
&= \left(\frac{fit(c_1)}{\sum_{c' \in P(t)} fit(c')} + \cdots + \frac{fit(c_{N(H,t)})}{\sum_{c' \in P(t)} fit(c')} \right) \cdot \frac{popsize}{N(H, t)} && \text{wobei } c \lhd H \\[2ex]
&= \left(\frac{fit(c_1) + \cdots + fit(c_{N(H,t)})}{\sum_{c' \in P(t)} fit(c')} \right) \cdot \frac{popsize}{N(H, t)} && \text{wobei } c \lhd H \\[2ex]
&= \frac{\sum_{c \in P(t), c \lhd H} fit(c) \cdot popsize}{\sum_{c' \in P(t)} fit(c') \cdot N(H, t)} \\[2ex]
&= \frac{\overline{fit(H)}}{\overline{fit}}. && \text{nach (4.4) u. (4.3)}
\end{aligned}
$$

Es ergibt sich demzufolge insgesamt

$$N(H, t+1) = N(H,t) \cdot fit_{rel}(H) \cdot popsize \cdot \left[1 - \frac{dl(H)}{l-1} \left(1 - N(H,t) \cdot fit_{rel}(H) \right) \right]$$

$$\cdot (1 - p_m)^{ord(H)}$$

$$= N(H,t) \cdot \frac{\overline{fit(H)}}{\overline{fit}} \cdot \left[1 - p_c \frac{dl(H)}{l-1} \left(1 - \frac{N(H,t)}{popsize} \cdot \frac{\overline{fit(H)}}{\overline{fit}} \right) \right]$$

$$\cdot (1 - p_m)^{ord(H)} . \qquad \square$$

(4.15)

4.3. Interpretation

Betrachten wir nun die Gleichung des Schema-Theorems, so lässt sich erkennen, dass die Anzahl der zu einem Schema passenden Chromosomen direkt abhängig von der vorangehenden Generation ist, die mit 3 Wichtungsfaktoren multipliziert wird. Diese sind

$$N(H,t+1) = N(H,t) \cdot \underbrace{\frac{\overline{fit(H)}}{\overline{fit}}}_{A} \cdot \underbrace{\left[1 - p_c \overbrace{\frac{dl(H)}{l-1}}^{B.1} \left(1 - \frac{N(H,t)}{popsize} \cdot \frac{\overline{fit(H)}}{\overline{fit}} \right) \right]}_{B}$$

$$\cdot \underbrace{(1 - p_m)^{ord(H)}}_{C} .$$

(4.16)

Es stellt sich nun die Frage, welche Bedingungen das Schema erfüllen muss, damit das Produkt der Faktoren A, B und C möglichst groß ist.

Betrachten wir zunächst das Fitnessverhältnis A. Damit die Chromosomenzahl steigt, muss $A > 1$ sein. Dies ist genau dann der Fall, wenn $\overline{fit(H)} > \overline{fit}$ ist. Das bedeutet, dass die dem Schema entsprechenden Choromosmen im Mittel fitter sein müssen, als die gesamte Population im Durchschnitt. Weitehin gilt für Faktor B, dass er zu keinem Zeitpunkt größer oder gleich 1 ist. Um den Gewinn von Faktor A nicht zu beeinträchtigen, sollte $B.1$ möglichst klein sein. Dies wird erreicht, wenn das Schema eine kleine definierende Länge besitzt. Die für das Schema relevanten Gene befinden sich dann in einem kleinen Paket. Dieses Paket bezeichnet man auch als *Building-Block*. Der Faktor C zeigt ähnliche Eigenschaften wie Faktor B. Damit C nicht zu klein wird, muss der Exponent und damit die Ordnung des Schemas möglichst gering sein.

Fassen wir die Erkenntnisse zusammen: Bei einem genetischen Algorithmus werden immer die Lösungsraume mit den besten Lösungen durchsucht, da Schemen mit einer hohen Fitness am weitesten in der Population verbreitet sind. Außerdem sagt die *Building-Block-Hypothese* aus, dass sich die Gesamtlösung für ein Problem aus einzelnen *Building-Blocks*, also Schemen mit geringer Ordnung und definierender Länge zusammensetzt [GKK04, S.55]. Diese *Building-Blocks* werden ebenfalls bevorzugt in der Population verbreitet.

5. Eine Anwendung genetischer Algorithmen : Das n-Damen Problem

Die Dame ist beim Schachspiel „die mächtigste Schachfigur. Sie kann in Reihen und Spalten ziehen. Zusätzlich kann sie sich auf den Diagonalen bewegen" [mat]. Bereits 1848 erschien das Rätsel, ob man 8 Damen auf einem 8 x 8 Schachbrett (oder verallgemeinert n Damen auf einem n x n Feld) anordnen kann, sodass sich diese nicht gegenseitig bedrohen.

Diese Frage repräsentiert ein typisches *Optimierungsproblem*. Ziel ist es, die Anzahl der Kollisionen zwischen den Figuren zu minimieren. Aus diesem Grund verwendet der implementierte genetische Algorithmus die Zahl der Kollisionen (also Bedrohungen) als Fitness Funktion. Die Chromosomen bestehen aus einer Kette mit n Elementen, wobei jedes Element i die vertikale Position einer Dame in der $i$ten Spalte angibt. Als Elementaroperationen wurden das *One-Point-Crossover*, die *einfache Mutation* und die *Tournament Selection* (näheres zu dieser Selektionsart in [GKK04, S.84]) eingesetzt.

Abbildung 3: Startansicht des Programms

Parallel dazu wurde der im Unterricht besprochene *Backtracking* Algorithmus implementiert, um einen Vergleich der Laufzeiten durchführen zu können. Er arbeitet nach dem Prinzip der Tiefensuche und setzt so lange eine weitere Dame auf das Spielfeld, bis entweder keine freie Position mehr existiert oder die Anzahl n erreicht wurde.

Die Bedienung des Programms beschränkt sich auf zwei Aktionen. Zum einen kann die Feldgröße mit Hilfe der „+" und „-" Taste variiert werden, zum anderen kann entweder der genetische Algorithmus oder das Backtracking für das eingestellte Feld gestartet werden. Finden die Verfahren eine Lösung, so wird diese auf dem Schachfeld angezeigt. Rote Felder bedeuten hierbei, dass dort eine Dame platziert wird. Zusätzlich wird im Textfeld die benötigte Zeit und die Anzahl der Generationen (genetischer Algorithmus) beziehungsweise die Anzahl der Versuche (Backtracking) angezeigt. Eine mögliche Ausgabe für den genetischen Algorithmus bei einer Feldgröße $n = 15$ zeigt Abbildung 4.

Abbildung 4: Ergebnis des genetischen Algorithmus bei $n = 15$

Abbildung 5 demonstriert ein exemplarisches Ergebnis bei der Größe $n = 30$. In Anhang D befindet sich eine ausführliche Testreihe, die mit Hilfe der Anwendung erstellt wurde. Anhang E zeigt den Quellcode der Anwendung.

6. Fazit

Wie wir in dieser Arbeit feststellen konnten, arbeiten genetische Algorithmen nach simplen Prinzipien, die in der richtigen Komibnation effizient *NP-schwere* Probleme lösen können. Dies wurde zum Beispiel bei dem *n-Damen Problem* ersichtlich (siehe Kapitel 5). Da das Backtracking Verfahren ein exponentielles Laufzeitverhalten aufweist [HS05, S.9], ist bei einer Feldgröße $n = 30$ die benötigte Zeit mit ungefähr 34 Minuten bereits sehr hoch, während der genetische Algorithmus im Mittel nach 12 Sekunden eine Lösung hat. Über das Laufzeitverhalten genetischer Algorithmen lässt sich keine genaue Aussage treffen. Die praktischen Tests (siehe Anhang D) zeigen allerdings, dass der genetische Algorithmus selbst bei $n = 100$ nur wenige Minuten benötigt.

Das größte Problem bei genetischen Algorithmen liegt in der Modellfindung. Es ist oftmals schwer, für ein gegebenes Optimierungsproblem eine passende Darstellung in Form eines Chromosom-Modells zu finden.

Hat man ein passendes Modell gefunden, so ist die Implementierung des genetischen Algorithmus simpel und lässt sich in kurzer Zeit erledigen. Dies ist der Vorteil genetischer Algorithmen. Sie sind flexibel und können leicht auf verschiedene Probleme adaptiert werden. Man muss allerdings beachten, dass der Algorithmus nicht immer eine Lösung liefert.

Blicken wir zurück auf das Schema-Theorem (siehe Kapitel 4), so müssen wir beachten, dass selbiges streng genommen nur dann funktioniert, wenn man von einer unendlich großen Population ausgeht. Dies hat zum einen mit den häufig verwendeten Zufallswerten zu tun. Das Theorem setzt vorraus, dass diese Werte auf dem gesamten Wertebereich gleichmäßig verteilt sind, was allerdings nur bei besagter unendlich großer Population erfüllt. Zum anderen sind in einer begrenzten Populationsgröße häufig nicht alle Schemen vertreten, wodurch manche (bessere) Schemen keine Möglichkeit besitzen, sich durchzusetzen.

Schlussendlich kann man sagen, dass genetische Algorithmen - trotz ihrer Einschränkungen - eine große Bereicherung für die Informatik darstellen. So werden Genetische Algorithmen beispielsweise dazu verwendet, „Zweiphasen-Überschalldüsen" zu optimieren [Hei94, S.165f.]. Hierbei handelt es sich um Triebwerke , die mit ihren 330 Segmenten ohne genetische Algorithmen nicht in einer akzeptablen Zeit in eine, maximalen Schub liefernde Form gebracht werden könnten. Dieses Beispiel stellt nur eines der Probleme dar, bei denen genetische Algorithmen entscheidend zur Lösung beigetragen haben. Folglich ist das Prinzip der Evolution nicht nur in der Biologie ein voller Erfolg.

A. Literatur

Die Literaturangaben sind alphabetisch nach den Namen der Autoren sortiert. Bei mehreren Autoren wird nach dem ersten Autor sortiert.

[Dav91]   Davis, L. *Handbook of Genetic Algorithms.* Van Nostrand Reinhold, New York 1991. ISBN 978-0442001735.

[GKK04]   Gerdes, I., Klawonn, F. & Kruse, R. *Evolutionäre Algorithmen.* Friedr. Vieweg & Sohn Verlag/GWV Fachverlage GmbH, Wiesbaden 2004. ISBN 978-3528055707.

[Hei94]   Heistermann, J. *Genetische Algorithmen.* B. G. Teubner Verlagsgesellschaft, Stuttgart, Leipzig 1994. ISBN 978-3815420571.

[HS05]   Hilpold, T. & Stritzinger, A. *Vorlesung - Backtracking Algorithmen (WS 2004/05).* `http://www.swe.uni-linz.ac.at/teaching/lva/ws04-05/algo2_uebung/uebungen/ue3/Backtracking1.folien.pdf` (Abgerufen am 23.02.2009), Veröffentlicht 2005.

[Kru08]   Kruse, R. *Vorlesung - Evolutionäre Algorithmen (SS 2008).* `http://fuzzy.cs.uni-magdeburg.de/wiki/pmwiki.php?n=Lehre.EvolAlg2008#Unterlagen` (Abgerufen am 29.01.2009), Veröffentlicht 2008.

[mat]   *Mathe-Online: Schachbrettaufgaben (Kap. 3.1).* `http://www.mathe-online.at/materialien/matroid/files/schach/schachbrett.html#3.1` (Abgerufen am 22.02.2009).

B. Abbildungen

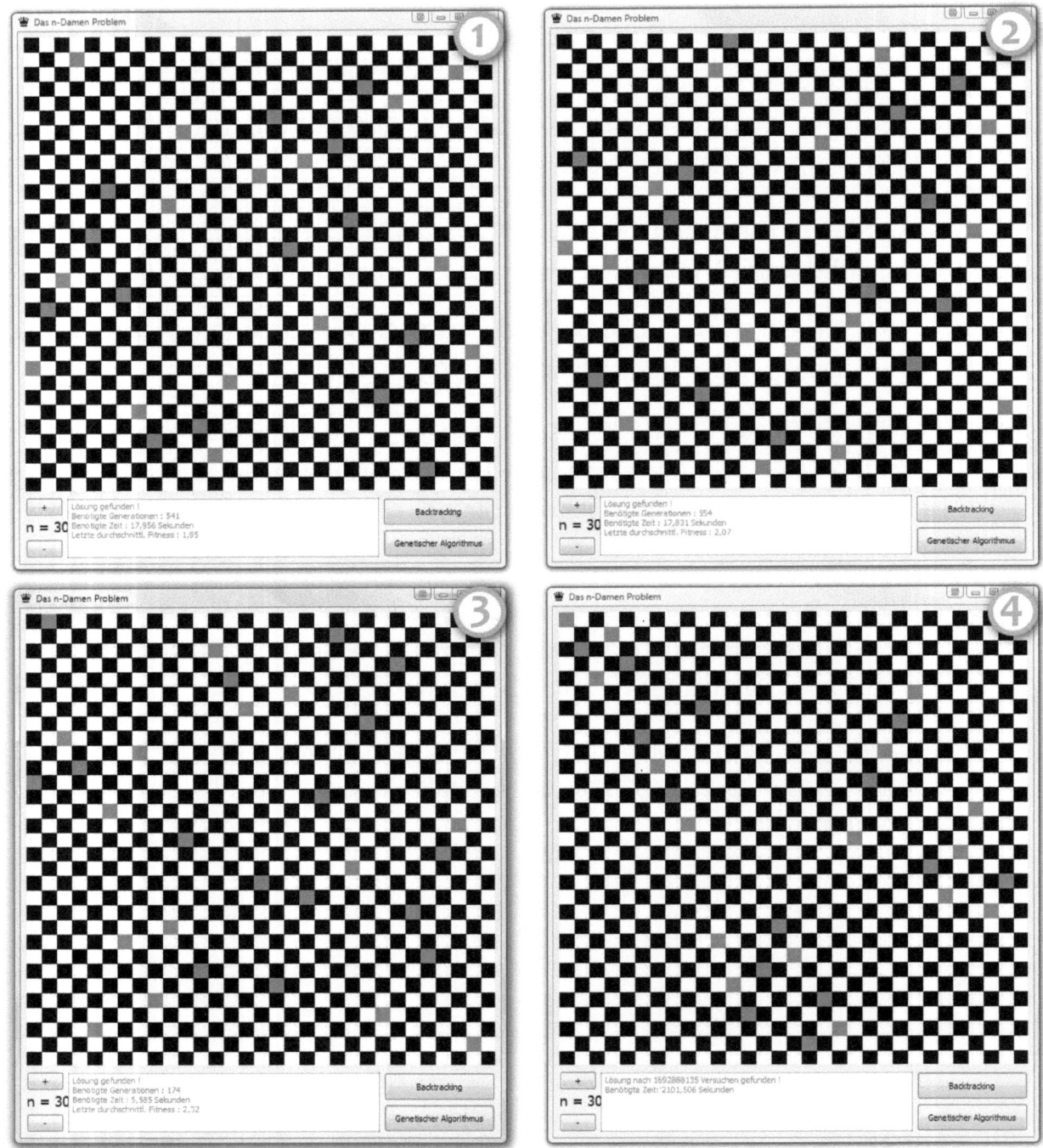

Abbildung 5: Testreihe des Programms bei der Größe $n = 30$. Die Fenster 1 bis 3 wurden durch den genetischen Algorithmus generiert (durchschnittl. 14 Sekunden), Fenster 4 durch den Backtracking Algorithmus ($\approx$ 34 Minuten).

C. Abbildungsverzeichnis

D. Testreihe der Anwendung

n	Benötigte Generationen	Benötigte Zeit [s]	Backtracking
5	1	0,031	15 Versuche
	1	0,031	in $< 0,001s$
	1	0,031	
	1	0,031	
	1	0,047	
10	31	0,608	975 Versuche
	41	0,78	in $0,015s$
	23	0,452	
	29	0,546	
	42	0,796	
15	60	1,248	20.280 Versuche
	88	1,81	in $0,016s$
	55	1,138	
	120	2,481	
	45	0,936	
20	71	1,685	3.992.510
	210	4,882	Versuche
	77	1,875	in $2,371s$
	360	8,268	
	427	9,75	
25	96	2,652	1.216.775
	265	7,145	Versuche
	209	5,662	in $1,046s$
	602	16,349	
	142	3,869	

n	Benötigte Generationen	Benötigte Zeit [s]	Backtracking
30	541	17,956	1.692.888.135
	554	17,831	Versuche
	174	5,585	in 2101,506s
	257	8,315	($\approx$ 34 Minuten)
	339	10,779	
35	356	12,995	8.244.234.495
	243	9,282	Versuche
	285	10,608	in 12946,304s
	273	10,109	($\approx$ 216 Minuten)
	164	6,178	
100	1068	201,428	Nicht
	2302	440,422	berechnet

E. Quellcode der Anwendung

Die Anwendung „*n-Damen*", welche sich auf der beiliegenden CD im Ordner `nDamen` befindet, wurde mit der Programmiersprache *Delphi* erstellt. In dem Ordner befinden sich die Quellcode-Dateien (`*.pas`), die ausführbare Anwendung (`*.exe`), die Projektdatei für die Enticklungsumgebung *CodeGear Delphi 2007* (`*.dproj`), sowie einige Hilfsdateien.

uMain.pas Die Unit `uMain` beinhaltet die Oberfläche und die damit verbundene Verwaltung der Threads. Die Hauptklasse `TfrmMain` erbt von der Klasse `TForm` und implementiert das Interface `IOutput`, welches in der Unit `uGlobal` definiert ist. Durch das Interface wird ermöglicht, dass die Klassen der Suchalgorithmen einen Zugriff auf die Anzeigefunktionen des Fensters besitzen.

Listing 1: uMain.pas

```
   unit uMain;

   interface

 5 uses
       Windows, Messages, SysUtils, Variants, Classes, Graphics, Controls, Forms,
       Dialogs, ExtCtrls, StdCtrls, uGlobal, uBacktracking, uGenetic;

   type
10    TfrmMain = class(TForm, IOutput)
         imgField: TImage;
         btnBacktrack: TButton;
         btnGenetic: TButton;
         memOutput: TMemo;
15       btnDecN: TButton;
         btnIncN: TButton;
         lblSize: TLabel;
         imgSolution: TImage;
         panButtons: TPanel;
20       procedure FormCreate(Sender: TObject);
         procedure btnIncNClick(Sender: TObject);
         procedure btnDecNClick(Sender: TObject);
         procedure btnGeneticClick(Sender: TObject);
         procedure btnBacktrackClick(Sender: TObject);
25       procedure FormResize(Sender: TObject);
       private
         fSize : integer;
       public
         procedure drawField(pSolution : Array of integer);
30       procedure drawText(pText : String);
       end;

   var
       frmMain: TfrmMain;
35
   implementation

   {$R *.dfm}

40 { Events }

   procedure TfrmMain.FormCreate(Sender: TObject);
```

```pascal
  begin
    //Zufallsgenerator und Oberfläche initalisieren
45  Randomize;
    fSize := 4;
    drawField([]);
    self.DoubleBuffered := true;
  end;

50
  procedure TfrmMain.FormResize(Sender: TObject);
  begin
    //Mindestgröße vom Fenster einhalten
    if frmMain.ClientWidth <= 316 then
55    frmMain.ClientWidth := 316;

    if frmMain.ClientHeight <= 413 then
      frmMain.ClientHeight := 413;


60
    //Elemente mitwachsen lassen
    imgField.Width := frmMain.ClientWidth - 2 * imgField.Left;
    imgField.Height := frmMain.ClientHeight - 2 * imgField.Top - panButtons.Height;

65  panButtons.Top := imgField.Height + imgField.Top;
    panButtons.Left := imgField.Left;
    panButtons.Width := imgField.Width;

    //Im Unteren Panel die Textfläche wachsen lassen
70  memOutput.Width := frmMain.ClientWidth - 256;
    btnBacktrack.Left := memOutput.Left + memOutput.Width + 8;
    btnGenetic.Left := memOutput.Left + memOutput.Width + 8;

    //Neu Zeichnen
75  imgField.Picture := nil;
    drawField([]);
  end;


  procedure TfrmMain.btnBacktrackClick(Sender: TObject);
80 begin
    //Thread erstellen, gibt sich selber frei wenn beendet
    TBacktracker.Create(self, fSize);
  end;

85 procedure TfrmMain.btnDecNClick(Sender: TObject);
  begin
    dec(fSize);
    //Größe beträgt mindestens 4
    if fSize < 4 then
90    fSize := 4;

    lblSize.Caption := 'n = ' + IntToStr(fSize);
    drawField([]);
  end;
95
  procedure TfrmMain.btnGeneticClick(Sender: TObject);
  begin
    //Thread erstellen, gibt sich selber frei wenn beendet
    TGeneticSearch.Create(self, fSize);
100 end;

  procedure TfrmMain.btnIncNClick(Sender: TObject);
  begin
    inc(fSize);
```

```
105    lblSize.Caption := 'n_=_' + IntToStr(fSize);
       drawField([]);
     end;


     { Prozeduren }
110
     procedure TfrmMain.drawField(pSolution : Array of integer);
     var
       x, y         : integer;
       xStep, yStep : integer;
115    xOff, yOff   : integer;

     begin
       //Bildfläche füllen
       imgField.Canvas.Pen.Color := clBtnFace;
120    imgField.Canvas.Brush.Color := clBtnFace;
       imgField.Canvas.Rectangle(0, 0, imgField.Width, imgField.Height);

       //Schrittweiten ermitteln
       xStep := imgField.Width div fSize;
125    yStep := imgField.Height div fSize;

       //Abstand vom linken und oberen Rand ermitteln (Zentrieren)
       xOff := (imgField.Width - xStep * fSize) div 2;
       yOff := (imgField.Height - yStep * fSize) div 2;

130

       //Felder zeichnen
       for x := 0 to fSize-1 do begin
         for y := 0 to fSize-1 do begin
135          //Alternierendes Schwarz-Weiß Muster erzeugen
           if (Odd(x) xor Odd(y)) then begin
             imgField.Canvas.Pen.Color := clWhite;
             imgField.Canvas.Brush.Color := clWhite;
           end else begin
140          imgField.Canvas.Pen.Color := clBlack;
             imgField.Canvas.Brush.Color := clBlack;
           end;
           imgField.Canvas.Rectangle(xOff + x * xStep, yOff +  y * yStep,
               xOff + (x+1) * xStep, yOff + (y+1) * yStep);
145      end;
       end;


       //Lösung einzeichnen (wenn vorhanden)
       if Length(pSolution) > 0 then begin
150
         imgField.Canvas.Pen.Color := clRed;
         imgField.Canvas.Brush.Color := clRed;

         for x := 0 to Length(pSolution) do begin
155        imgField.Canvas.Rectangle(xOff + x * xStep, yOff + pSolution[x] * yStep,
               xOff + (x+1) * xStep, yOff + (pSolution[x] + 1) * yStep);
         end;
       end;
     end;
160
     procedure TfrmMain.drawText(pText: string);
     begin
       //Ist der Text leer, wird das gesamte Feld geleert,
       //ansonsten als neue Zeile eingefügt
165    if pText = '' then
```

```
          memOutput . Clear
        else
          memOutput . Lines . Add ( pText );
170 end ;

    end .
```

uGlobal.pas Die Unit uGlobal besitzt Strukturen, die von mehreren Klassen benutzt werden. Hierzu gehört das Interface IOutput sowie die Klassen TIntArray scwie TIntArray2D, die eine Objektorientierte Version einer Ein- beziehungsweise Zwei-Dimensionalen Liste darstellen.

Listing 2: uGlobal.pas

```
    unit  uGlobal ;

    interface

 5  const
        SOLPERGEN  =  1000;  //Anzahl  an  Lösungen  pro  Generation

    type
        IOutput  =  interface
10          procedure  drawField ( pSolution  :  Array of  integer );
            procedure  drawText ( pText  :  String );
        end ;

        TIntArray  =  class ( TObject )
15      private
            fSize  :  integer ;
        public
            Data  :  Array of  Integer ;
            constructor  Create ( pSize  :  integer );
20          procedure  setSize ( pSize  :  integer );
            procedure  setData ( pIndex  :  integer;  pData  :  integer );
            property  Count  :  integer  read  fSize  write  setSize ;
        end ;

25      TIntArray2D  =  class ( TObject )
            public
                Data  :  Array of Array of  Integer ;
                constructor  Create ( pSizeX ,  pSizeY ,  pFillWith  :  integer );
            end ;
30
    implementation

    constructor  TIntArray . Create ( pSize :  Integer );
    begin
35      setSize ( pSize );
    end ;

    procedure  TIntArray . setSize ( pSize :  Integer );
    begin
40      SetLength ( Data ,  pSize );
        fSize  :=  pSize ;
    end ;

    procedure  TIntArray . setData ( pIndex  :  integer;  pData  :  integer );
45  begin
```

```
      //Ist gewünschter Index außerhalb der akt. Liste, selbige
      //automatisch vergrößern
      if pIndex > High(Data) then
        SetSize(pIndex + 1);
50
      Data[pIndex] := pData;
    end;


    constructor TIntArray2D.Create(pSizeX: Integer; pSizeY: Integer;
55      pFillWith: Integer);
    var
      i: Integer;
      j: Integer;
    begin
60    SetLength(Data, pSizeX);
      //Felder mit Vorgabewert füllen
      for i := 0 to pSizeX - 1 do begin
        SetLength(Data[i], pSizeY);
        for j := 0 to pSizeY - 1 do
65        Data[i][j] := pFillWith;
      end;


    end;


70 end.
```

uStack.pas Die Unit uStack beinhaltet den abstrakten Datentyp TStack, wie er bereits im Unterricht besprochen wurde.

Listing 3: uStack.pas

```
    unit uStack;

    interface

5  uses Types;

    type
      TStackItem = class
      private
10      FNext : TStackItem;
        FData : TObject;
      public
        constructor Create(pData : TObject); overload;
        constructor Create(pData : TObject; pNext : TStackItem); overload;
15      property Next : TStackItem read FNext write FNext;
        property Data : TObject read FData write FData;
        destructor Destroy; override;
      end;


20    TStack = class
      protected
        tos : TStackItem;
      public
        constructor Create();
25      function pop() : TObject;
        function top() : TObject;
        function isEmpty() : boolean;
        procedure push(pData : TObject);
      end;
```

24

```pascal
  implementation

  //TStackItem
  constructor TStackItem.Create(pData : TObject);
  begin
    FData := pData;
    FNext := nil;
  end;

  constructor TStackItem.Create(pData : TObject; pNext : TStackItem);
  begin
    FData := pData;
    FNext := pNext;
  end;

  destructor TStackItem.Destroy;
  begin
    FData.Destroy;
    inherited Destroy();
  end;

  //TStack
  constructor TStack.Create();
  begin
    tos := nil;
  end;

  function TStack.pop() : TObject;
  var
    tmpTos : TStackItem;

  begin
    result := tos.Data;
    tmpTos := tos;
    tos := tos.Next;
    tmpTos.Destroy;
  end;

  function TStack.top() : TObject;
  begin
    result := tos.Data;
  end;

  function TStack.isEmpty() : boolean;
  begin
    result := tos = nil;
  end;

  procedure TStack.push(pData : TObject);
  begin
    tos := TStackItem.Create(pData, tos);
  end;

  end.
```

uObjectPointStack.pas Der in dieser Unit definierte Datentyp `TObjectPointStack` stellt eine spezielle Version des Stacks dar. Er verwaltet nur Objekte des Typs `TObjectPoint` und besitzt zusätzlich die Funktion, den aktuellen Stack in eine Liste des Typs `TIntArray` zu kopieren.

Listing 4: uObjectPointStack.pas

```pascal
unit uObjectPointStack;

interface

uses uStack, uGlobal, types;

type
  TObjectPoint = class(TObject)
    public
      X, Y : integer;
      constructor Create(pX, pY : integer);
  end;

  TObjectPointStack = class(TStack)
  public
    function pop() : TObjectPoint;
    function top() : TObjectPoint;
    function toIntArray() : TIntArray;
  end;

implementation

constructor TObjectPoint.Create(pX, pY : integer);
begin
  X := pX;
  Y := pY;
end;

function TObjectPointStack.pop() : TObjectPoint;
begin
  result := inherited pop() as TObjectPoint;
end;

function TObjectPointStack.top() : TObjectPoint;
begin
  result := inherited top() as TObjectPoint;
end;

function TObjectPointStack.toIntArray() : TIntArray;
var
  pnt : TStackItem;

begin
  result := TIntArray.Create(1);

  pnt := tos;

  while pnt <> nil do begin
    result.setData((pnt.Data as TObjectPoint).X, (pnt.Data as TObjectPoint).Y);
    pnt := pnt.Next;
  end;
end;

end.
```

uRingList.pas In der Unit `uRingList` wird der abstrakte Datentyp `TRingList` implementiert. Diese im Ring verkettete Liste wird für die Verwaltung der Population des genetischen Algorithmus verwendet.

Listing 5: uRingList.pas

```pascal
unit uRingList;

interface

type
  TRingListItem = class
    private
      FNext: TRingListItem;
      FData: TObject;
    public
      constructor Create(pData : TObject); overload;
      constructor Create(pData : TObject; pNext : TRingListItem); overload;
      property Next : TRingListItem read FNext write FNext;
      property Data : TObject read FData write FData;
      destructor Destroy; override;
    end;


  TRingList = class
    protected
      anchor       : TRingListItem;
      position     : TRingListItem;
      prePosition  : TRingListItem;
      lastPos      : TRingListItem;
      lastPrePos   : TRingListItem;
    public
      constructor Create;
      function isEmpty: boolean;
      function getItem: TObject;
      procedure add (pData : TObject);
      procedure next; overload;
      procedure next(pSteps : integer); overload;
      procedure remove;
      procedure removeLast;            //Wird für den Selektionsmodus benötigt,
      destructor Destroy; override;    //um die RAM Auslastung gering zu halten
    end;

implementation

{ ############ TRingListItem ############ }


constructor TRingListItem.Create(pData: TObject);
begin
  FData := pData;
  FNext := nil;
end;


constructor TRingListItem.Create(pData: TObject; pNext: TRingListItem);
begin
  FData := pData;
  FNext := pNext;
end;


destructor TRingListItem.Destroy;
begin
```

27

```pascal
    //Auch die Daten löschen
    FData.Destroy;

    //und dann sich selbst
60  inherited Destroy();
  end;


  { ############ TRingList ############ }

65 constructor TRingList.Create;
  begin
    anchor := nil;
    position := nil;
    prePosition := nil;
70  lastPos := nil;
  end;


  function TRingList.isEmpty : boolean;
  begin
75  result := (anchor = nil);
  end;


  function TRingList.getItem: TObject;
  begin
80  result := position.Data;
  end;


  procedure TRingList.next;
  begin
85  if not isEmpty then begin
      prePosition := position;
      position := position.next;
    end;
  end;
90
  procedure TRingList.next(pSteps: Integer);
  var
    i : integer;

95 begin
    lastPrePos := prePosition;
    lastPos := position;

    for i := 0 to pSteps do
100    self.next;
  end;


  procedure TRingList.add(pData: TObject);
  begin
105  if isEmpty then begin

      anchor := TRingListItem.Create(pData);
      position := anchor;
      prePosition := anchor;
110
    end else begin

      prePosition := position;
      position := TRingListItem.Create(pData);
115
    end;
```

```pascal
        position.Next := prePosition.Next;
        prePosition.Next := position;

120  end;

     procedure TRingList.remove;
     begin
125    if position.Next = position then begin

         position.Destroy;
         anchor := nil;
         prePosition := nil;
130      position := nil;

       end else begin

         if position = anchor then
135        anchor := anchor.Next;

         position.Destroy;
         position := position.Next;
         prePosition.Next := position;
140
       end;

     end;

145  procedure TRingList.removeLast;
     begin
       lastPrePos.Next := lastPos.Next;
       lastPos.Destroy;

150    //Überprüfen ob kein Element mehr da
       if lastPrePos = nil then begin
         anchor := nil;
         position := nil;
         prePosition := nil;
155      lastPos := nil;
       end;
     end;

     destructor TRingList.Destroy;
160  begin
       //Alle Elemente löschen
       while not isEmpty do remove;

       //und sich selbst
165    inherited Destroy();
     end;

     end.
```

uBacktracking.pas Die Unit uBacktracking beinhaltet die Klasse TBacktracker, welche von der Klasse TThread erbt. Die Klasse implementiert den Backtracking Algorithmus für das n-Damen Problem.

Listing 6: uBacktracking.pas

```pascal
unit uBacktracking;
```

```pascal
interface

uses uGlobal, uObjectPointStack, classes, SysUtils, Windows;

type
  TBacktracker = class(TThread)
  private
    fInterface : IOutput;
    fSize      : integer;
    fDispSol   : TIntArray;
    fTries     : Int64;
    function getSolution(pSolution : TIntArray; pRow : integer) : boolean;
    function isColliding(pSolution: TIntArray; pUpToRow : integer) : boolean;
  protected
    procedure Execute; override;
    procedure Display;
  public
    constructor Create(pInterface : IOutput; pSize : integer);
  end;


implementation


constructor TBacktracker.Create(pInterface : IOutput; pSize : integer);
begin
  inherited Create(true); //Pausierten Thread erstellen

  fInterface := pInterface;
  fSize := pSize;

  fInterface.drawText('');
  fInterface.drawText('Backtracker_initalisiert!');

  //Variablen initalisiert, jetzt Thread loslaufen lassen
  self.Resume;
end;

function TBacktracker.getSolution(pSolution : TIntArray;
    pRow : integer) : boolean;
var
  i : integer;

begin
  if pRow = Length(pSolution.Data) then begin
    //Fertig! :-)
    result := true;
    exit;
  end;

  result := false;

  for i := 0 to Length(pSolution.Data) - 1 do begin

    pSolution.Data[pRow] := i;

    inc(fTries);

    if not isColliding(pSolution, pRow) then
        result := getSolution(pSolution, pRow + 1);

    if result = true then exit;
```

30

```pascal
65   end;

     //Hier dürfte man eigentlich nicht sein,
     //außer es existiert keine Lösung... schade :-(
     result := false;
70
   end;

   function TBacktracker.isColliding(pSolution: TIntArray;
      pUpToRow : integer) : boolean;
75 var
     i, j : integer;

   begin
     result := false;
80
     for i := 0 to pUpToRow do begin
         //Für jede Dame die horizontalen und diagonalen Wege überprüfen
         for j := 0 to pUpToRow do begin
           if i <> j then begin
85
               //Check 1 : Horizontaler Pfad
               if pSolution.Data[i] = pSolution.Data[j] then
                 result := true;

90             //Check 2 : Diagonaler Pfad von links-unten nach rechts-oben
               if pSolution.Data[i] = pSolution.Data[j] - (i - j) then
                 result := true;

               //Check 3 : Diagonaler Pfad von links-oben nach rechts-unten
95             if pSolution.Data[i] = pSolution.Data[j] + (i - j) then
                 result := true;

               //Abbrechen wenn Kollision gefunden
               if result = true then
100               exit;

           end;
         end;
     end;
105 end;

   procedure TBacktracker.Execute;
   var
     solution    : TIntArray;
110   start       : Cardinal;

   begin

     //Variablen initalisieren
115   fTries := 0;
     start := GetTickCount; //Zeitmessung

     solution := TIntArray.Create(fSize);

120 //Rekursive Suche starten
     if getSolution(solution, 0) then begin

       fDispSol := solution;
       Synchronize(Display);
125
       fInterface.drawText('');
```

31

```
          fInterface.drawText('Lösung_nach_' + IntToStr(fTries)
             + '_Versuchen_gefunden_!');
          fInterface.drawText('Benötigte_Zeit:_'
130          + FloatToStr((GetTickCount - start) / 1000) + '_Sekunden');
       end else begin
          fInterface.drawText('');
          fInterface.drawText('Keine_Lösung_gefunden!');
       end;
135
       self.Destroy;
       self.Free;
    end;

140 procedure TBacktracker.Display;
    begin
       if fDispSol <> nil then
          fInterface.drawField(fDispSol.Data)
       else
145       fInterface.drawField([]);
    end;


    end.
```

uGenetic.pas Die Unit `uGenetic` beinhaltet die Klasse `TGeneticSearch`, welche von der Klasse `TThread` erbt. Die Klasse implementiert den genetischen Algorithmus für das n-Damen Problem.

Listing 7: uGenetic.pas

```
    unit uGenetic;

    interface

 5  uses
       uGlobal, classes, sysUtils, Windows, uRingList;

    type
       TGeneticSearch = class(TThread)
10     private
          fInterface : IOutput;
          fSize      : integer;
          fDispSol   : TIntArray;
          function GetFitness(pSolution : TIntArray) : Integer;
15        function Mutate(pSolution : TIntArray) : TIntArray;
          function Combine(pSol1, pSol2 : TIntArray) : TIntArray;
       protected
          procedure Execute; override;
          procedure Display;
20     public
          constructor Create(pInterface : IOutput; pSize : integer);
       end;


    implementation
25
    constructor TGeneticSearch.Create(pInterface : IOutput; pSize : integer);
    begin
       inherited Create(true); //Pausierten Thread erstellen

30     fInterface := pInterface;
```

```pascal
      fSize := pSize;

      fInterface.drawText('');
      fInterface.drawText('Genetischer_Algorithmus_initalisiert!');

35
      //Variablen initalisiert, jetzt Thread loslaufen lassen
      self.Resume;
   end;


40 function TGeneticSearch.GetFitness(pSolution: TIntArray) : Integer;
   var
      i, j, col : integer;

   begin
45
      //Anzahl der Kollisionen ermitteln und zurückgeben
      col := 0;

      for i := 0 to pSolution.Count - 1 do begin
50       //Für jede Dame die horizontalen und diagonalen Wege überprüfen
         for j := 0 to pSolution.Count - 1 do begin
           if i <> j then begin

             //Check 1 : Horizontaler Pfad
55           if pSolution.Data[i] = pSolution.Data[j] then
               inc(col);

             //Check 2 : Diagonaler Pfad von links-unten nach rechts-oben
             if pSolution.Data[i] = pSolution.Data[j] - (i - j) then
60             inc(col);

             //Check 3 : Diagonaler Pfad von links-oben nach rechts-unten
             if pSolution.Data[i] = pSolution.Data[j] + (i - j) then
               inc(col);
65
           end;
         end;

      end;
70
      //Da bei einer Kollision immer zwei Figuren beteiligt sind (und col
      //somit zwei mal inkrementiert wird), muss das Ergebnis durch zwei
      //dividiert werden um auf die Anzahl einmaliger Kollisionen zu kommen

75    result := col div 2;

   end;


   function TGeneticSearch.Mutate(pSolution: TIntArray) : TIntArray;
80 var
      i : Integer;

   begin
      //Ursprungsobjekt in ein neues kopieren
85    result := TIntArray.Create(pSolution.Count);

      for i := 0 to pSolution.Count - 1 do begin
        //Mutationswahrscheinlichkeit 1/1
        if Random < 1/pSolution.Count then
90        result.Data[i] := Random(result.Count)
        else
          result.Data[i] := pSolution.Data[i];
```

```
       end ;
     end ;
95
     function  TGeneticSearch . Combine ( pSol1 :  TIntArray ;
          pSol2 :  TIntArray )  :  TIntArray ;
     var
       i  :  Integer ;
100    cross  :  Integer ;


     begin
       //Kombinieren
       result  :=  TIntArray . Create (Length ( pSol1 . Data ) ) ;
105
       //Kreuzungspunkt
       cross  :=  Random ( result . Count ) ;

       for  i  :=  0  to  Length ( pSol1 . Data )  −  1  do begin
110
          //Die linke Hälfte erbt aus pSol1 , die rechte aus pSol2
          if  i  <=  cross  then
            result . Data [ i ]  :=  pSol1 . Data [ i ]
          else
115         result . Data [ i ]  :=  pSol2 . Data [ i ] ;
       end ;
     end ;


     procedure  TGeneticSearch . Execute ;
120  var
       population  :  TRingList ;
       i , j , gen  :  integer ;
       avg          :  real ;
       tempSol     :  TIntArray ;
125    finished    :  boolean ;
       start        :  Cardinal ;


     begin

130    population  :=  TRingList . Create ;
       finished  :=  false ;
       gen  :=  0 ;
       avg  :=  0 ;
       start  :=  GetTickCount ;   //Zeitmessung
135
       //Anfangspopulation generieren
       for  i  :=  1  to SOLPERGEN  do begin

          tempSol  :=  TIntArray . Create ( fSize ) ;
140
          for  j  :=  0  to  ( fSize  −  1 )  do begin

            tempSol . Data [ j ]  :=  Random ( fSize ) ;

145       end ;

          population . add ( tempSol ) ;
       end ;

150    fDispSol  :=  nil ;
       Synchronize ( Display ) ;

       while not  finished  do begin
```

34

```
155     //Jeweils SOLPERGEN/2 Mutationen und Kombinationen durchführen
        for i := 1 to SOLPERGEN div 2 do begin

          //Mutation
          population.next(Random(SOLPERGEN));
160
          population.add(
            mutate(
            TIntArray(population.getItem)));

165       //Kombination
          population.next(Random(SOLPERGEN));
          tempSol := TIntArray(population.getItem);

          population.next(Random(SOLPERGEN));
170       tempSol := combine(tempsol, TIntArray(population.getItem));

          population.add(tempSol);
        end;


175     //Selektion (Bevölkerung per Tournament-Selektion wieder auf
        //eine Größe von SOLPERGEN bringen)

        for i := 1 to SOLPERGEN do begin

180       //Zufällig zwei Lösungen wählen, gegeneinenader 'antreten'
          //lassen (Fitnesswerte vergleichen) und den Gewinner in
          //die nächste Generation übernehmen

          population.next(Random(SOLPERGEN));
185       tempSol := TIntArray(population.getItem);

          population.next(Random(SOLPERGEN));
          if GetFitness(tempSol)
            <= GetFitness(TIntArray(population.getItem)) then
190         population.remove
          else
            population.removeLast;

        end;
195
        //Lösung gefunden? Wenn nein, dann wieder nach oben
        //(gleichzeitig Durchschnittsfitness berechnen)
        avg := 0;
        j := 0;
200     for i := 1 to SOLPERGEN do begin

          j := GetFitness(TIntArray(population.getItem));
          avg := avg + j;

205       if j = 0 then begin
            tempSol := TIntArray(population.getItem);
            finished := true;
          end;


210       population.next;

        end;


        //Abbruchkriterium: 5000 Generationen ohne Erfolg
215     if gen = 5000 then begin
          tempSol := nil;
```

35

```
              finished := true;
          end;

220     if (gen mod 10 = 0) then begin
            fInterface.drawText('');
            fInterface.drawText('Generation␣:␣' + IntToStr(gen));
            fInterface.drawText('Durchschnittl.␣Fitness␣:␣'
                + Format('%.2f', [avg / SOLPERGEN]));
225     end;

        inc(gen);

      end;
230
      fDispSol := tempSol;
      Synchronize(Display);

      fInterface.drawText('');
235
      if fDispSol = nil then begin
          fInterface.drawText('Keine␣Lösung␣nach␣5000␣Generationen␣gefunden!');
      end else begin
          fInterface.drawText('Lösung␣gefunden␣!');
240       fInterface.drawText('Benötigte␣Generationen␣:␣' + IntToStr(gen));
      end;

      fInterface.drawText('Benötigte␣Zeit␣:␣'
          + FloatToStr((GetTickCount − start) / 1000) + '␣Sekunden');
245   fInterface.drawText('Letzte␣durchschnittl.␣Fitness␣:␣'
          + Format('%.2f', [avg / SOLPERGEN]));

      population.Destroy;
      self.Destroy;
250 end;

    procedure TGeneticSearch.Display;
    begin
      if fDispSol <> nil then
255     fInterface.drawField(fDispSol.Data)
      else
        fInterface.drawField([]);
    end;

260 end.
```